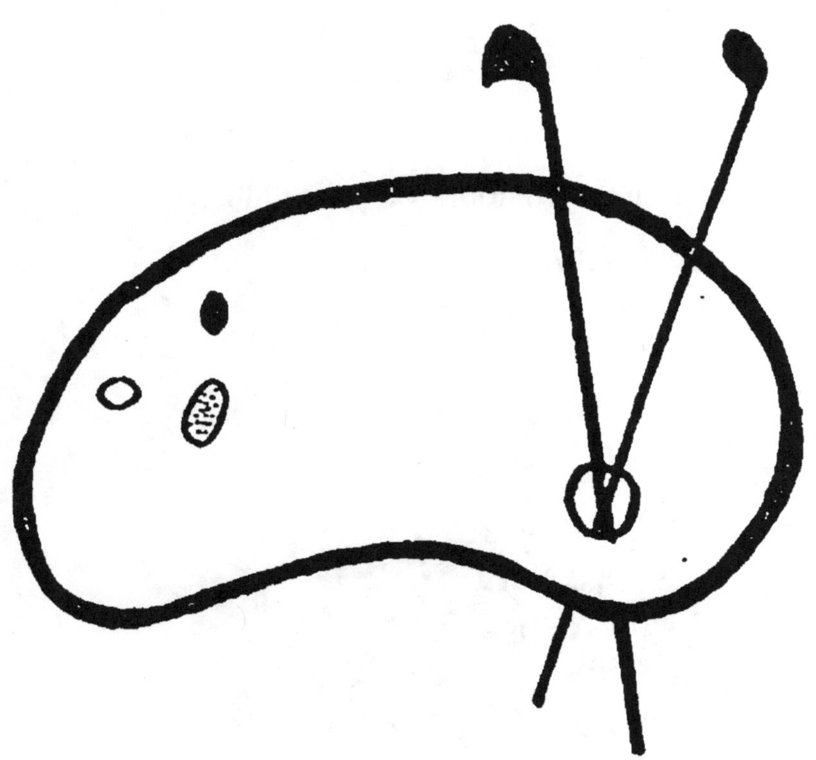

DEBUT D'UNE SERIE DE DOCUMENTS
EN COULEUR

DOCUMENTS SUR L'HISTOIRE DE PROVENCE
Fascicule I

AFFICHES

OFFRANT

UN INTÉRÊT HISTORIQUE OU DE CURIOSITÉ

Imprimées et affichées à Aix

DE 1600 A 1789

1ʳᵉ SÉRIE

PRIX : 50 CENTIMES

AIX
ACHILLE MAKAIRE, IMPRIMEUR-ÉDITEUR
2, rue Thiers, 2.
1889

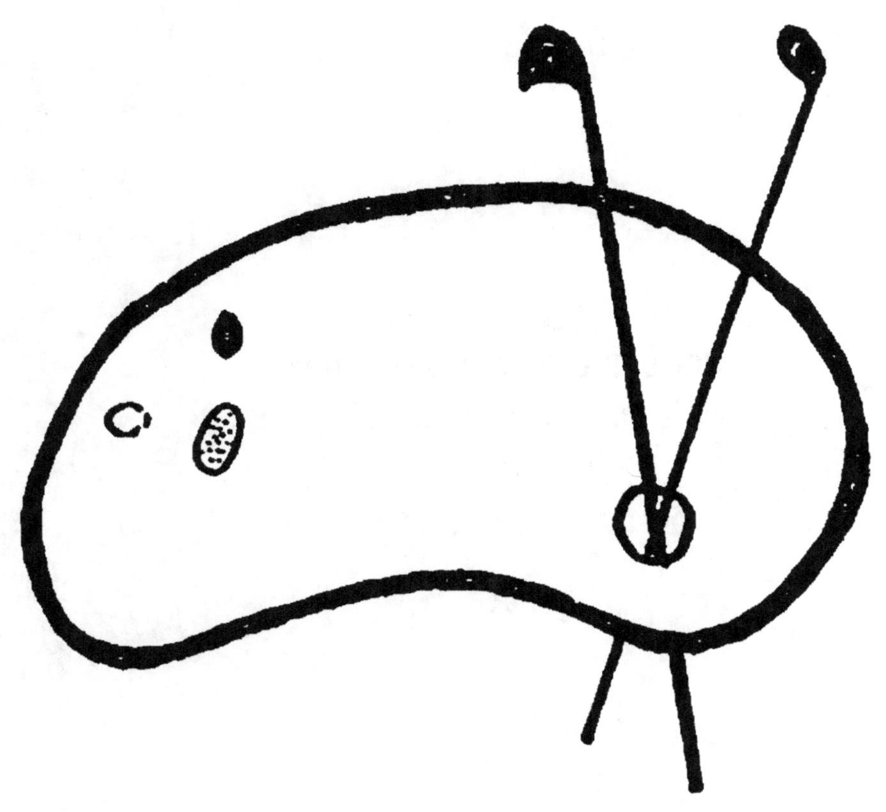

FIN D'UNE SERIE DE DOCUMENTS
EN COULEUR

DOCUMENTS
HISTORIQUES ET LITTÉRAIRES
RARES OU INÉDITS
CONCERNANT
LA PROVENCE

×

AFFICHES

OFFRANT

UN INTÉRÊT HISTORIQUE OU DE CURIOSITÉ

Imprimées et affichées à Aix

DE 1600 A 1789

1ʳᵉ SÉRIE

AIX

ACHILLE MAKAIRE, IMPRIMEUR-EDITEUR

2, rue Thiers, 2.

1889

EXTRAIT

DES REGISTRES DE PARLEMENT

La Cour a ordonné et ordonne que par les Consuls et Conseil de la Maison Commune de cette ville d'Aix, sera procédé à l'élection d'vn Prince d'Amour par ballotes secrettes, et de suite à celle d'vn Lieutenant de Prince, d'vne personne de la qualité requise. Déclare ladite Cour que les émolumens en appartiendra la moitié au Prince et l'autre moitié au Lieutenant, qui seront exiges sur les personnes nobles tant seulement.

Publié à la Barre du Parlement de Provence séant à Aix, le cinquième May mil six cent soixante-cinq.

Signé : ESTIENNE.

Bien qu'à notre époque le suffrage universel ne date que de 1848, il est bon de rappeler qu'avant 1789, les autorités civiles, la magistrature et les corporations des Marchands et des Arts et Métiers concouraient à la nomination et à l'équipement des principaux dignitaires. Ceux-ci en retour de l'honneur qu'ils recevaient et des privilèges attribués à leurs fonctions, étaient tenus envers leurs commettants à certains devoirs de politesse et à certaines redevances parfois onéreuses. Notre génération actuelle a vu les costumes du Prince d'Amour et du Lieutenant de Prince en 1851, lors de la grande exhibition des Jeux de la Fête-Dieu.

EXTRAIT

Des Registres dv Bvreauv de la Police

DE CETTE VILLE D'AIX.

———

Du 11 Mars 1669.

Sur ce qui a été représenté au Bureau, que quoyque par le Règlement soit défendu à tous les Hostes et Cabaretiers d'achepter aucun Poisson frais avant que dix heures soient sonnées, et que iceux contreviennent journellement audit Règlement au préjudice du public. Le Bureau a délibéré que défenses seront faites auxdits Hostes et Cabaretiers d'achepter aucun Poisson qu'après dix heures sonnées et que le Panonceau qui aura esté mis à la Poissonnerie ne soit leué, et mesmes deffences sont faites aux Poissonniers de leur liurer aucun poisson, à peine de confiscation de tout poisson qu'ils auront achepté et qui se trouuera chez eux et de douze liures d'amende à châcun des contreuenans.

EXTRAIT

DES REGISTRES DE PARLEMENT

Sur ce qui a esté représenté à la Chambre ordonnée durant les vacations, par le Procureur General du Roy, que y ayant des particuliers de cette Ville, et de la Ville de Marseille, qui ont fait complanter de Tezes, dans l'enclos et tenements de leurs Bastides, seruants à l'vsage pour prendre aux filets de petits oiseaux, qui est vne manière de chasse permise; et pour ne contreuenir au port des armes, au prejudice de quoy il est venu à sa notice que diuerses personnes, sous pretexte de chasser auec armes prohibées, entrent dans lesdits enclos et tenements, et tirent des coups de fuzils dans lesdites Tezes, ce qui ruine les arbres dont elles sont composées, et pourroit causer de grands inconuenients : Requerant qu'il plaise à la Chambre d'y pouruoir. LA CHAMBRE, pour obuier ausdits inconuenients, et en conséquence des Edits du Roy, Arrests et Règlements de la Cour : A fait, et fait inhibitions et défenses à toutes personnes, de quelque estat, qualité et condition qu'elles soient, do porter armes prohibées, et chasser dans les enclos et tenements où il y a de Tezes au terroir de cette ville d'Aix et Marseille, à peine de cinq cens liures d'amande, et quant au plebées du foüet :

a permis et permet ausdits particuliers possedans lesdites Tezes, de saisir les contreuenans, leur oster leurs fuzils et autres armes. Enjoint au Preuost de tenir la main à l'exécution du present Arrest, et à tous Huissiers, Sergens et Archers, de faire les captures des contreuenans trouués sur les lieux, à l'indication desdits particuliers, et les conduire à bonne et seure garde dans les prisons Royaux de ce Palais, pour le procés leur estre fait et parfait, comme contreuenans aux Edits et Ordonnances de Sa Majesté, sur le port des armes : Et afin que personne n'en prétende cause d'ignorance, sera le présent Arrest leu et publié par tous les lieux et carrefours de cette Ville, et affiché aux portes d'icelle, et au deuant des Bastides, ou en teste desdites Tezes.

Fait à Aix en ladite Chambre, et publié à la Barre du Parlement de Prouence le 27 Aoust 1669.

Collationné.

Signé, ESTIENNE.

Cet arrêt a précédé de six mois seulement un *Arrest portant deffenses de la chasse* rendu par le Roi le 16 janvier 1670, apportant quelques modifications aux ordonnances de juin 1601 et juillet 1607 en ce qui concernait la pénalité.

————————

EXTRAIT

DES REGISTRES DE PARLEMENT

Vɛv par la Chambre ordonnée durant les vacations, le verbal fait par Marc Bosc, Huissier en la Cour, estant au lieu de Goult, datté du vingtiéme du présent mois de Septembre porté dans la Chambre par le Procureur general du Roy, iceluy oüy sur ses conclusions verbales, ᴅɪᴛ ᴀ ᴇsᴛé que la Chambre a ordonné et ordonne que sur ledit verbal il en sera informé par le premier Iuge Royal ou Huissier de la Cour : Et cependant a fait et fait inhibitions et deffences à tous les particuliers faisans profession de la Religion prétenduë reformée dudit lieu de Goult, et autres de la Prouince, de joüer aux boules ny commettre aucune insolence au deuant des Eglises, pendant la celebration des saints Offices, sur les peines portées par les Edits et Ordonnances du Roy portés par celle du premier Feurier passé ; lesquelles seront affichées à la porte des Eglises, afin que personne n'en pretende cause d'ignorance.

Fait à Aix en la Chambre ordonnée durant les vacations, et publié à la Barre, ce vingt-sept Septembre mil six cens soixante neuf

Collationné,

Signé, Esᴛɪᴇɴɴᴇ.

EXTRAIT

DES REGISTRES DE PARLEMENT

———

Svr la Requéte présentée à la Cour par le Procureur General du Roy, tendante afin pour les causes y contenuës, que conformément à l'Ordonnance d'Orleans Art. 23, celle de Blois Art. 38. et Arrest de la Cour; expresses inhibitions et defenses sont faites à toutes personnes de faire aucun reniement du Saint Nom de Dieu, tenir de Foires, Marchés les Dimanches et Festes commandées par l'Eglise, et aux Marchands d'étaler leurs Marchandises esdits jours, et tenir leur Boutique ouverte, et de faire de danses publiques pendant le service Divin.

LA COVR a fait et fait tres-expresses inhibitions et défenses à toutes personnes, de jurer le S. Nom de Dieu sous les peines des Ordonnances et autres arbitraires. Enjoint à tous Officiers d'arréter les contrevenens dans le flagrant delict ; et à tous Huissiers, Archers et Sergens de les constituer prisonniers, à peine de suspension de leur charge, de le mettre en notice au Procureur General du Roy, pour faire proceder à l'information pour icelle veuë estre ordonné ce que de raison contre le coulpable. Fait pareilles inhibitions et defenses de tenir aucunes Foires et Marchés és jours de Dimanche et Festes commandées par l'Eglise, et à tous Marchands de tenir leurs Boutiques ouvertes, et d'étaler audit jour leurs Marchandises, à peine de confiscation d'icelles, au proffit de l'Hôpital, s'il y en a, ou aux pauvres du lieu. ORDONNE que lesdites Foires et Marchés, tenus lesdits jours, seront transférés au lendemain d'iceux ou autres jours prochains, nonobstant toutes coûtumes contraires : Fait defenses de faire, lesdits jours de Dimanche et Festes commandées, des danses publiques durant le service Divin : Enjoint aux Iuges des lieux de tenir la main à l'exécution du présent Arrest, et qu'à la diligence dudit Procureur General du Roy et de ses Substituts, il sera envoyé aux Sieges et Senéchaussées de la Province, pour y estre leu, publié et affiché par tout où besoin sera, et aux Places publiques.

Publié à la Barre du Parlement de Provence seant à Aix, le trentiéme Iuin 1671.

Collationné,

Signé, PATV.

TARIF

**Fait par Messievrs les Consvls de cette Ville
d'Aix, dv prix dv poisson frais, qvi doit être
debité en ladite ville, dont les prix sont diffe-
rents suivant la qualité du Poisson, et plus
excessifs en Caréme, jours maigres que les
jours gras, commencé le douze Decembre mil
six cent soixante-treize.**

	Jours Gras	Jours Maigres	En Caréme
Solles	4 sols la livre	5 sols la livr	6 sols
Petits Sollions.	3 sols 6 deniers	4 »	5 »
Ronds	3 » 6 »	4 »	5 »
Rougets	3 » 6 »	4 »	5 »
Suppillons	3 » 6 »	4 »	4 » 6 den.
Vives	3 » 6 »	4 »	4 » 6 »
Aurades	3 »	3 » 6 den.	4 »
Loups	3 »	3 » 6 »	4 »
Tautenes......	3 »	3 » 6 »	4 »
Ton	3 »	3 » 6 »	4 »
Esturien	3 »	3 » 6 »	4 »
Pageaux	2 » 6 »	3 »	3 » 6 »
Baudroys......	2 » 6 »	3 »	3 » 6 »
Galinetes......	2 » 6 »	3 »	3 » 6 »
Moulets.......	2 » 6 »	3 »	3 » 6 »
Auruous......	2 » 6 »	3 »	3 » 6 »
Petits Merlans.	2 » 6 »	3 »	3 » 6 »
Gros Merlans..	2 »	2 » 6 »	3 » 6 »
Anguilles fines	2 » 6 »	3 »	3 » 6 »
Ang^{lles} d'estang	2 »	2 » 6 »	3 »
Clavelades.....	2 »	2 » 6 »	3 » 6 »
Muges........	2 »	2 » 6 »	3 » 6 »

	Jours Gras	Jours Maigres	En Carême
Petres.........	2 sols. la livre	2 sols 6 den.	3 sols.
Lamys........	2 »	2 » 6 »	3 »
Sardines	2 »	2 » 6 »	3 »
Rascasses	2 »	2 » 6 »	3 »
Mirallets	1 » 6 deniers.	2 »	2 » 6 den.
Carrallets	1 » 6 »	2 »	2 » 6 »
Pourpres.....	1 » 6 »	2 »	2 » 6 »
Truyes	1 » 6 »	2 »	2 » 6 »
Grosses Supis.	1 » 6 »	2 »	2 » 6 »
Iarrets........	1 » 6 »	2 »	2 » 6 »
Bogues	1 » 6 »	2 »	2 » 6 »
Mèletes......	1 » 6 »	2 »	2 » 6 »
Sautaires.....	1 » 6 »	2 »	2 » 6 »
Dauphin	1 » 6 »	2 »	2 » 6 »
Serclez	4 » 6 »	2 »	2 »
Clauvisses gr..	2 »	2 » 6 »	3 »
Clauvisses pet.	1 »	1 »	2 »
Cats	1 »	1 » 6 »	2 »
Langouste gr..	5 » la pièce.	6 »	7 »
Langouste pet.	3 » »	3 »	3 » 6 »
Esquinades...	2 » 6 »	3 »	4 »
Huitres	6 » douzaine.	7 »	8 » 6 »

Pour éviter les abus qui se pourroient commettre en la débite du Poisson par les Poissonnieres, Leur est enjoint de faire journellement ladite débite à la Halle de la Poissonnerie indifféremment à toutes Personnes, de quel Estat et condition qu'elles soient, sans en privilegier aucune, et leur faire le poids au prix du susdit Tarif, sans pouvoir le surhausser à peine de Concussion et de douze livres d'amande pour chacune fois, et sans qu'elles puissent garder le Poisson du jour gras au maigre, ny moins en vendre dans leurs maisons, en cachete ny autrement, sous quel prétexte que ce soit, même aux Hôtes avant les heures du Réglement, sous la même peine de douze livres.

A AIX, par CHARLES DAVID, Imprimeur du Roy, du Clergé et de la Ville.   1673.

EXTRAIT

DES REGISTRES DE PARLEMENT

Sur la Requeste présentée à la Cour par le Procureur General du Roy en icelle, tendante à fin pour les causes y contenuës, que bien que par les Ordonnances de nos Roys, les jeux de hazard soient deffendus, la licence des tems ne laisse pas d'en introduire des nouveaux dont l'usage est très pernicieux, à quoi il importe de remedier, et d'en empêcher les progrès de maux qui en peuvent proceder; requiert le bon plaisir de la Cour, soit ordonner que inhibitions et deffenses seront faites à toutes personnes de quelle qualité qu'elles soient, de joüer ou permettre qu'il soit joüé dans leur maison au jeu appellé de la Bassette, à peine de trois mil livres d'amande pour la première fois, et de plus grande et autre Arbitraire en cas de rescidive, et qu'il sera informé sur les contreventions, et afin qu'on n'en prétende cause d'ignorance, que l'Arrest que la Cour rendra soit publié à son de trompe et cries publiques, et qu'extraits d'iceluy seront expédiés au Supliant pour estre envoyé aux Senêchaussées, pour y être semblablement publié à la diligence de ses Substituts, ausquels sera enjoint de tenir la main à l'exécution et informer des contreventions.

VEU 'lad. Requeste, Ouy le Rapport de Maistre de Ricard Conseiller du Roy, Tout considéré : DIT A ESTE, que la Cour a fait et fait inhibitions et deffenses à toute sorte de personnes de quelle qualité qu'elles soient, de Joüer ou permettre qu'il soit joüé dans leurs maisons au jeu appellé de la Bassete, à peine de cinq cens livres d'amande, applicables à l'Hôpital S. Jaques de cette Ville pour la première fois, et de plus grande et autre Arbitraire, et en cas de rescidive et sur les contreventions ordonne qu'il en sera informé par M.   Conseiller du Roy, et afin qu'on n'en prétende cause d'ignorance, sera le présent Arrest publié à son de trompe et cries publiques, et qu'extraits d'iceluy seront expediez au Procureur General du Roy, pour l'envoyer aux Senêchaussées pour y estre semblablement publié à la diligence de ses Substituts, auquel enjoint de tenir la main à l'exécution et informer des contreventions par les Lieutenans dans les autres Villes de la Province.

PVBLIÉ à la barre du Parlement seant à Aix le 21 Iuin l'an de Grace 1679.

Collationné,
IMBERT.

Le jeu de Bassette ressemble au Lansquenet et au Pharaon. C'est un ancien jeu d'Italie nommé *Bassetta*, qui fut introduit en France par un noble vénitien, ambassadeur en 1678.

ARREST

DE LA COUR DE PARLEMENT

Qui condamne l'Archevêque d'Aix à 10,000 livres d'aumône.

Sur la requête présentée à la Cour, les Chambres assemblées, par le Procureur Général du Roy, contenant que par Arrêt du 28 juin, il a été enjoint au Sr. Archevêque d'Aix, de remettre son Formulaire au Greffe, dans huitaine, pour y être et demeurer supprimé : que par autre Arrêt du 13 juillet, la Chambre ordonnée pendant les vacations, lui a donné un nouveau délai d'un mois, avec itérative injonction de remettre son Formulaire, ou de déclarer par acte au Greffe qu'il n'en exigeroit plus la signature; que le refus de se soumettre aux justes dispositions de ces Arrêts, ayant éclaté non-seulement par l'inexécution, mais encore par des réponses très repréhensibles, il est intervenu un troisième Arrêt, le 21 du même mois, par lequel la Chambre enjoint définitivement au sieur Archevêque de satisfaire à l'Arrêt du 13 dans le délai porté par icelui, autrement et dedit tems passé, dès maintenant comme pour lors, et sans qu'il soit besoin d'autre Arrêt, le condamne à dix mille livres d'aumône, avec saisie de son temporel, pour demeurer sous la main de la Justice, jusqu'à ce qu'elle soit pleinement obéie : que tous ces délais étant expirés depuis long temps, et ayant été suivis d'une attente de pure indulgence, la Cour obligée de maintenir l'autorité des loix, ne peut plus différer de déclarer les peines encourues. Toutes les prononciations étant tracées dans l'Arrêt du 21 juillet, il ne reste plus qu'à les mettre à exécution. La désobéissance déjà consommée a mérité la condamnation à l'aumône, qui est irrévocable : la désobéissance persévérante exige que le temporel demeure saisi, et que la main-levée ne soit accordée qu'après une entière soûmission ; ce qui est la dernière disposition de l'Arrêt du 21 juillet. L'obstination pourroit enfin exiger des remèdes plus rigoureux, mais une présomption favorable engagera, sans doute, la Cour à les suspendre ; la condamnation qu'Elle va prononcer, et la saisie qui suivra, devant faire connoître au Sr. Archevêque, que rien ne peut dispenser les sujets du Roy d'obéir à des Arrêts émanés en son Nom, et revêtus de son autorité.

REQUIERT être ordonné que, faute par le Sr. Archevêque d'Aix d'avoir satisfait aux arrêts des 13 et 21 juillet, les peines prononcées par ledit Arrêt du 21 seront déclarées encourues, et au moyen de ce le sieur Archevêque sera condamné à dix mille livres d'aumône, applicables en telles œuvres pies que la Cour arbitrera, et payables sur les premières échéances des revenus temporels de l'Archevêché d'Aix, lesquels seront mis en la main du Roy, et demeureront saisis pour être régis par sequestre à la forme des Ordonnances, jusqu'à ce qu'autrement soit dit et ordonné.

Vû l'extrait de l'Arrêt du 28 juin dernier, mandement levé sur icelui, avec l'exploit de signification du 5 juillet suivant; celui de l'Arrêt rendu le 13 juillet avec le mandement et exploit dudit jour; et celui du 21, mandement et exploit de signification du 23 dudit mois de juillet; lesdits exploits faits par Rey et J. Rey; et ladite requête signée, Ripert de Monclar : Ouï le rapport de Me Joseph-François de Gallice, Chevalier, Seigneur d'Aumont et de Bedejun, Conseiller du Roy, Doyen en la Cour; tout considéré.

LA COUR, les Chambres assemblées, faute par ledit Archevêque d'Aix d'avoir satisfait aux Arrêts des 13 et 21 juillet, a déclaré et déclare les peines prononcées par ledit Arrêt du 21 encourues, et au moyen de ce, a condamné et condamne ledit Archevêque à dix mille livres d'aumône, applicables , sçavoir 3000 livres à l'Hôpital général St. Jacques, 2000 liv. à l'Hôpital général la Charité, 2000 liv. à l'Hôpital général la Miséricorde, 1000 liv. à l'Hôpital des Incurables, 1000 liv. à l'Hôpital des Insensés et 1000 liv. à l'œuvre du Mont de Piété, tous de cette ville d'Aix; lesdites dix mille livres payables sur les premières échéances des revenus temporels de l'Archevêché d'Aix, lesquels seront mis en la main du Roy, et demeureront saisis pour être régis par sequestre à la forme des Ordonnances, jusques à ce qu'autrement soit dit et ordonné.

Fait à Aix en Parlement, les Chambres assemblées, le 2 octobre 1756.

Collationné,

Signé, TAMISIER.

L'arrêt du 28 juin, visé dans celui qu'on vient de lire, ordonnait à l'Archevêque d'Aix de remettre au greffe de la Cour pour y être et demeurer supprimé, l'Ecrit contenant exposition de sentiment sur le Formulaire d'Alexandre VII et la Constitution *Unigenitus* dont la signature a été proposée par ses ordres aux Ecclésiastiques du diocèse d'Aix.

L'arrêt du 13 juillet porte que ce Prélat a répondu que « il a porté ses justes plaintes au Roi, protecteur de l'Eglise, à cet effet il s'est dès lors dessaisi de l'écrit qu'on lui demande. » Itératif commandement lui est fait de remettre dans un mois l'écrit, à peine de saisie de son temporel.

Celui du 21 juillet porte qu'il sera définitivement enjoint à l'Archevêque de se conformer aux arrêts ci-dessus, ce qui ne paraît pas avoir été fait, puisque l'arrêt que nous donnons en entier l'a condamné à 10,000 livres d'aumône.

L'arrêt du 2 octobre 1756, dont nous n'avons pu retrouver l'affiche, porte, sur l'exemplaire en notre possession, une note manuscrite disant qu'il a été affiché à la porte de toutes les Eglises.

DE LA PART

DE

MESSIEURS LES CONSULS
ET ASSESSEUR D'AIX
Lieutenants-Généraux de Police

Il est ordonné aux Syndics des Corporations de mettre sous les armes les Membres de leurs Corps, et à tous les Citoyens qui ne seront pas commandés pour la sûreté publique, de se renfermer dans leurs maisons, à tous les Marchands et Artisans de fermer leurs magasins et boutiques ; et défenses sont faites à toutes personnes de quelque sexe et condition qu'elles soient de s'attrouper dans les rues, places et carrefours ; ces précautions sont nécessaires au salut de la ville, et demandées par tous les honnêtes Citoyens.

Fait à Aix, au Bureau de police, ce 26 mars 1789.

ROMAN-TRIBUTIIS, Assesseur d'Aix, P. D. P.

COLLONGUE, C. D. P. D. P.

ARNULPHY, C. D. P. D. P.

Par Mandement,

ARNAUD, greffier.

L'affiche ci-dessus fut placardée le lendemain de la terrible émeute qui eut lieu sur la place de l'Hôtel-de-ville, pendant que les trois assemblées délibéraient sur les noms des mandataires à l'assemblée générale de la Sénéchaussée où devaient être élus les députés aux États-Généraux. Le prétexte était la cherté des grains.

DE LA PART

DE

MESSIEURS LES CONSULS
ET ASSESSEUR D'AIX

Lieutenans-Généraux de Police, et à leur demande, sous l'autorisation de Nosseigneurs de la Souveraine Cour de Parlement.

———

Amnistie générale est accordée à ceux qui ont participé, mercredi dernier, 25 du courant, à l'enlèvement des grains qui étoient déposés dans les Greniers publics et ailleurs. Les personnes qui n'ont point encore fait les restitutions desdits grains, sont de nouveau invitées sur leur honneur et conscience de les faire incessamment, et d'imiter l'exemple édifiant de probité que la plus grande partie de ceux qui avaient concouru à cet enlèvement ont donné.

Fait à Aix, au Bureau de police, ce 28 mars 1789.

ROMAN-TRIBUTIS, Asses. d'Aix, P. D. P. L. G. D. P.
COLLONGUE, C. D. P. D. P. L. G. D. P.
ARNULPHY C. D. P. D. P. L. G. D. P.

Par Mandement,
ARNAUD, Greffier.

Les restitutions des grains qui furent faites aux greniers publics, s'élevèrent à la somme d'environ 25,000 fr. Cette affaire a coûté 100,000 fr. à la commune d'Aix, qui fit alors pour payer cette dépense un emprunt de 60,000 fr.

ORDONNANCE

DU BUREAU DE POLICE DE LA VILLE D'AIX

Pour rétablir les anciens et justes prix du Pain et de la Viande.

Du 7 avril 1789

Extrait des Registres du Bureau de Police.

Nous Consuls et Assesseur d'Aix, Procureurs du pays, Lieutenans - Généraux de Police, savoir faisons que :

Les honnêtes citoyens de toutes les classes nous ont fait représenter qu'il y auroit un inconvénient affreux à laisser le prix du pain et de la viande au taux où dans un moment désastreux il a été réduit.

Ces comestibles ne peuvent être maintenus à ce prix, sans exposer la Ville à une perte journalière et considérable, puisque ces prix sont fort au-dessous du prix coûtant et du bled et des bestiaux.

Ce bas prix engage les villages circonvoisins à se pourvoir de pain et de viande dans la ville, et cette excessive consommation occasionneroit bientôt la disette de l'un et de l'autre de ces comestibles.

Dans le moment la ville n'a d'autres revenus que ses

reves (1) ; elle n'a pas d'autres fonds pour faire face aux paiemens des intérêts de sa dette. La subrogation d'une autre forme d'imposition à celle par les reves que nos pères ont conservée et nous ont transmise comme tenant au droit constitutif de s'imposer soi-même ; cette subrogation, si jamais dans un tems de calme il est possible de penser que les reves doivent être remplacées par d'autres impositions, ne peut être l'ouvrage d'un jour.

Cependant il est nécessaire de pourvoir aux besoins de la ville ; il ne faut pas qu'elle soit exposée à manquer envers ses créanciers, à la foi publique ; et elle ne peut perdre de vue qu'elle a de justes dédommagemens à donner, soit aux particuliers qui ont souffert par le pillage des greniers publics, soit aux Boulangers qui depuis quelques jours vendent le pain à perte.

Nous ne pouvons différer plus long-tems de rétablir l'ancien ordre.

Chaque jour accumule les pertes et diminue les ressources ; chaque jour attire sur les habitans le fléau le plus funeste, la famine qu'une consommation outre mesure, effet inévitable de la vilité des prix, ne peut manquer d'entraîner.

(1) Nom que l'on donnait à l'impôt sur les marchandises à leur sortie du Royaume.

Nous ne pouvons regarder comme un soulagement pour le Peuple, ce qui deviendroit immanquablement une calamité publique.

Il a déjà des secours dans les bas prix auxquels sont réduits les bleds qui ont été restitués aux greniers publics. On sait que Mgr l'Archevêque avoit fait un fonds pour que les habitans mal-aisés eussent des bleds à 5 liv. au-dessous du prix coûtant. Les grains déposés dans les greniers publics pour ce soulagement, qui devoit durer jusqu'après la récolte, n'ont pas été épargnés lors du pillage, et les fonds se trouvent absorbés; mais la charité du Pontife est inépuisable ; les pauvres, qui de tout les tems en ont ressenti les effets, éprouvent dans ce moment qu'elle n'a d'autres bornes que les besoins de ceux qui souffrent. Le Parlement a délibéré un secours de 3000 liv., qui sera distribué par des Seigneurs - Commissaires, aux pauvres familles. M. de Saint-Meme, Directeur des vivres en Provence, en assure, à la sollicitation de M. le Premier Président et Intendant, une autre très considérable, par un acte inouï de bienfaisance patriotique qui lui acquiert des droits éternels à la reconnoissance du pays.

Loin de nous la crainte qu'un retour nécessaire à la justice n'indispose le Peuple. Les jours qui ont succédé à la sinistre journée du 25 mars, nous auroient fait connoître ce peuple, si nous avions à nous reprocher de l'avoir méconnu un seul instant ; sa tête est susceptible d'exaltation ; mais son cœur est bon et juste.

Nous lui devons le témoignage que les moteurs du trouble étoient des étrangers, ou une vile canaille dont la Ville se trouvoit infestée.

Quel spectacle édifiant, que celui des restitutions successives aux greniers publics, des bleds qui en avaient été enlevés ! Quelle probité dans les personnes de ce peuple, et pour la plupart à côté des plus grands besoins ! Elles ont pris le bled, dans la croyance que c'étoit un don qu'on leur faisoit : elles le rendent, du moment qu'elles ont connu que c'étoit un vol. Un Peuple qui a témoigné cette probité, ne peut que sentir la justice qui nous détermine à rétablir les anciens et justes prix.

Notre cœur paternel a partagé la misère des Paysans, dont l'hiver le plus rigoureux a suspendu les travaux ; et nous nous proposons de concerter tous les moyens possibles de les soulager, ainsi que les autres pauvres Habitans, dans une Assemblée des principaux Possédans-biens que nous convoquerons, dès que les circonstances pourront le permettre.

Au moment où la Ville a essuyé tant de pertes, un Citoyen, recommandable par son amour pour la Patrie, a imaginé, pour venir à son secours, un projet de souscription patriotique et d'émulation ; c'est une espèce de taxe sur les aisés, que chacun réglera pour lui-même, suivant ses facultés. Nous ferons passer des uns aux autres un exemplaire de cette souscription, pour qu'ils y écrivent leur soumission à la taxe qu'ils s'imposeront. Nous ne doutons pas de leur généreuse émulation. Mgr. l'Archevêque, Citoyen aussi bienfaisant que pasteur charitable, contribue pour 3000 liv. Mgr. le Comte de Caraman et Madame la Vicomtesse de Sourches se sont taxés à une somme importante. M. le Premier Président au Parlement nous a remis une somme considérable pour la contribution volontaire à laquelle il s'est imposé. Le Vénérable Chapitre de l'Eglise d'Aix a délibéré une forte contribution.

EN CONSÉQUENCE, et d'après les motifs ci-dessus, ensuite de la Délibération du Conseil Municipal du jour d'hier, NOUS ORDONNONS que le prix de la viande et du pain de chaque qualité, sera dès ce jour rétabli tel qu'il étoit avant la réduction faite mercredi 25 Mars, sauf les variations dans le taux du pain, que les prix des bleds rendront nécessaires. ENJOIGNONS aux Boulangers de faire, sur chaque charge de bled la quantité de pain bis qui a été fixée par le Rapport et Règlement de 1715, à peine, contre les contrevenans, d'être déchus de l'honneur qu'ils ont acquis pour leur généreux concours aux opérations forcées du 25 Mars, et en cas de récidive, sous les peines de droit. ORDONNONS que le Piquet de la farine sera ouvert comme par le passé ;

et faisons inhibitions et défenses à qui que ce soit de troubler les fermiers du Piquet, et autres de reves de la ville dans l'exercice de leurs fonctions, et dans la perception des droits, à peine d'être regardés comme perturbateurs du repos public, et ennemis de la société.

Et ensuite de la même Délibération du Conseil, nous avons fixé à 37 livres la charge, mesure de cette Ville, pour être vendus aux habitans de la Ville et son terroir, les blés de l'entrepôt formé au Marché public pour le soulagement de la Classe indigente des Citoyens.

Fait à Aix, au Bureau de Police, le 7 avril 1789.

Signés :

ROMAN-TRIBUTIIS, Ass. d'Aix P. D. P. L. G. D. P.
DURANTI COLONGUE, C. D. P. D. P. L. G. D. P.
ARNULPHY, C. D. P. D. P. L. G. D. P.

Collationné :

Signé : ARNAUD, Greffier.

A AIX, des Imprimeries de GIBELIN-DAVID et EMERIC-DAVID, Avocats, Imprimeurs du Roi et de la Ville, 1789.

ARREST

DE LA COUR DES COMPTES

AIDES ET FINANCES DE PROVENCE

Qui homologue la Délibération prise par le Conseil Municipal renforcé de la Communauté de la ville d'Aix, le 15 Mai 1789, portant réduction à trois livres par charge du droit de Piquet sur la Farine que les Particuliers font pétrir pour leur usage, et affranchit dudit Droit les enfans des Abonnés de la Campagne, jusqu'à l'âge de douze ans accomplis.

———

Du 25 mai 1789.

Extrait des Registres de la Cour des Comptes, Aides et Finances.

Sur la requête présentée à la Cour par les sieurs Maire Consuls, Assesseur et Communauté de cette ville d'Aix, contenant que le Conseil Municipal de cette ville, renforcé, par la permission de la Cour, d'un nombre de propriétaires de la ville et de son terroir pris dans tous les états, a pris deux Délibérations les 18 et 22 Avril dernier : la première n'est que préparatoire, et nomme des Commissaires ; la seconde, ensuite du rapport des Commissaires, réduit à trois livres les droits du Piquet sur la farine que les Particuliers font pêtrir pour leur usage, et décharge de l'abonnement du droit de Piquet les enfans de la campagne jusqu'à l'âge de douze ans, qui néanmoins par leur ancien régime y étoient soumis depuis l'âge de quatre. Cette réduction et cette décharge ont eu pour objet de soulager le pauvre Peuple, ainsi que la Cour le verra dans lesdites Délibérations ; et comme pour l'exécution de la seconde, les Supplians ont besoin de l'autorisation de la Cour, la requièrent très-humblement d'autoriser et homologuer la Délibération du vingt-deux avril dernier, et d'ordonner qu'elle sera enregistrée ez registres du Greffe de la Cour, pour être exécutée de son autorité, suivant sa forme et teneur ; ordonner en outre que ladite Délibération, ainsi que l'Arrêt qui interviendra, seront imprimés, publiés et affichés par-tout où besoin sera.

Vu ladite requête, signée Roman-Tributiis, Assesseur d'Aix, Procureur du Pays, et Eyssautier, appointée ce-jourd'hui d'un soit-montré au Procureur général du Roi ; les conclusions d'icelui dudit jour, n'empêchant l'homologation, l'impression et affiche ; requérant en outre que les Consuls, Assesseur et Communauté d'Aix pourvoiront aux moyens de réparer le déficit dénoncé dans la Délibération, dont ils justifieront à la Cour dans la quinzaine, et que l'Arrêt qui interviendra sera imprimé, publié et affiché par-tout où besoin sera, signées Autheman ; les extrait des Délibérations du Conseil de cette Communauté des dix-huit et vingt-deux Avril dernier, collationnés signés Arnaud; et oui le rapport de Mre François de Pelissier, Chevalier, Seigneur de Chantereine, des Tourres et autres lieux, Conseiller du Roi en la Cour; tout considéré.

DIT A ÉTÉ que la Cour des Aides a autorisé et homologué, autorise et homologue la Délibération dont s'agit du vingt-deux Avril dernier, ordonne qu'elle sera enregistrée ez registres du Greffe de la Cour, pour être gardée, observée et exécutée de son autorité, suivant sa forme et teneur; et pourvoyant à la réquisition du Procureur général du Roi, enjoint aux Consuls, Assesseur et Communauté de cette ville d'Aix, de pourvoir aux moyens de réparer le déficit résultant des diminutions et exemptions portées par la susdite Délibération, et d'en justifier la Cour dans la quinzaine; ordonne au surplus que le présent Arrêt et la susdite Délibération seront imprimés et affichés par-tout où besoin sera.

Fait en la Cour des Comptes, Aides et Finances du Roi en Provence, séant à Aix, le 25 Mai mil sept cent quatre-vingt-neuf.

Collationné. *Signé*, RASPAIL.

A AIX, chez B. GIBELIN-DAVID, et T. EMERIC-DAVID, Avocats, Imprimeurs du Roi et de la Cour des Comptes. 1789

ORDONNANCE

DU BUREAU DE POLICE DE CETTE VILLE D'AIX

Qui fixe le prix des Souliers, et fait défense aux Cordonniers d'exiger au-delà de la taxe.

Du 31 Mars 1749

Messieurs les Consuls et Assesseur, Lieutenans-Généraux de Police, faisant droit au requisitoire du Procureur du Roy; après avoir pris toutes les informations nécessaires, et ouï les Jurés et Syndics des Cordonniers, ont taxé les souliers d'homme à 3 liv. 12 sols, ceux de femme à 2 liv. 15 sols, et ainsi proportionnellement les autres; leur a fait défense d'en prendre davantage, à peine de 3 liv. d'amende : Et renouvellant, en tant que de besoin, la disposition des Ordonnances de Police, autorisées par ledit Arrêt, ont fait inhibitions et défenses aux corps des Arts et Métiers d'augmenter leurs marchandises sans permission du Bureau, Ordonnent en outre que lesdites Ordonnances homologuées par ledit Arrêt du 20 août 1744, seront de nouveau publiées, de même que la présente Ordonnance qui sera imprimée, luë et affichée aux formes ordinaires.

Collationné, *Signé :* BERMOND, Greffier.

A Aix, chez la veuve de JOSEPH DAVID et ESPRIT DAVID, Imprimeurs du Roy, du Pays et de la Ville, 1749.

TABLE DES AFFICHES

—

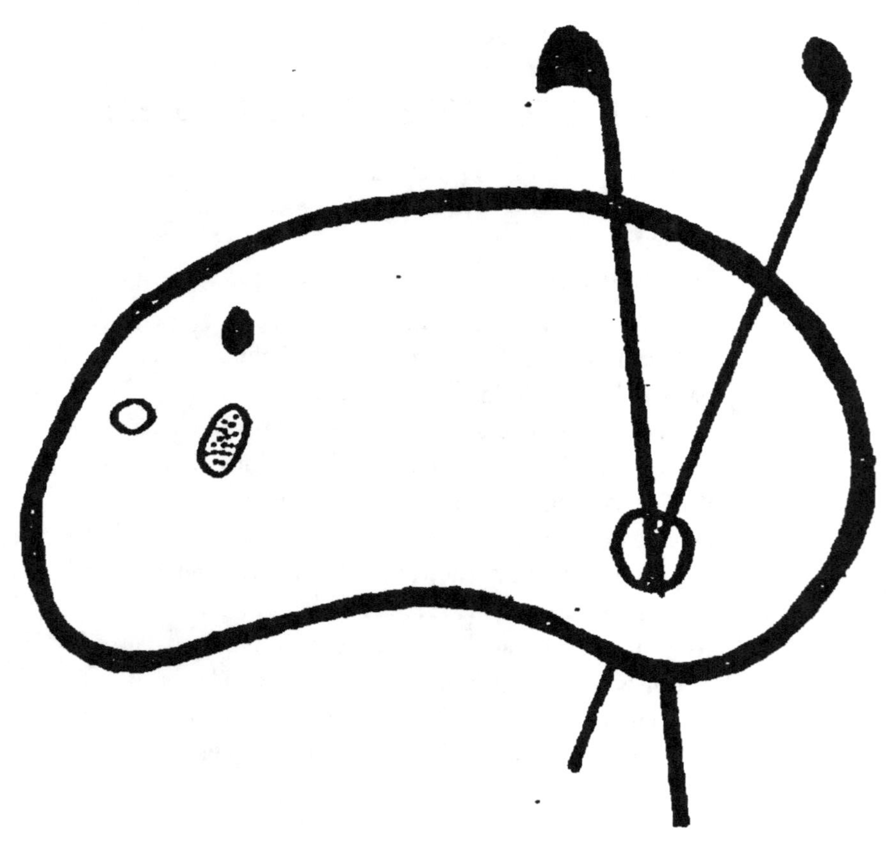

ORIGINAL EN COULEUR
NF Z 43-120-8

www.ingramcontent.com/pod-product-compliance
Lightning Source LLC
LaVergne TN
LVHW010343030726
842520LV00004B/1587